Inhalt

Bedrohter Wohlstand? - Schuldenklemme und Fachkräftemangel schmälern die Zukunftsaussichten der deutschen Wirtschaft

[Kernthesen](#)

[Beitrag](#)

[Fallbeispiele](#)

[Weiterführende Literatur](#)

[Impressum](#)

Bedrohter Wohlstand? - Schuldenklemme und Fachkräftemangel schmälern die Zukunftsaussichten der deutschen Wirtschaft

Robert Reuter

Kernthesen

- Im globalen Vergleich steht die deutsche Wirtschaft nach wie vor sehr gut da.
- Eine aktuelle Studie sieht jedoch Handlungsbedarf insbesondere bei der Bewältigung des demografischen Wandels und bei der Instandhaltung der Infrastruktur.

- Der Grund für die wachsenden Infrastrukturprobleme ist die Schuldenklemme der öffentlichen Haushalte. Experten empfehlen darum die Hereinnahme privater Investoren nach dem Beispiel Österreichs und der Schweiz.
- Unangefochten auf dem ersten Platz liegt auch im weltweiten Vergleich der deutsche Arbeitsmarkt.

Beitrag

Dunkle Wolken am Horizont

Die Unternehmensberatung Boston Consulting Group (BCG) hat eine umfangreiche Studie erstellt, die die wirtschaftliche Entwicklung Deutschlands im globalen Vergleich aufzeigt. Die Autoren stellen der deutschen Wirtschaft ein sehr gutes Zeugnis aus, sehen für die Zukunft allerdings einige dunkle Wolken am Horizont. Die größten Probleme stehen Deutschland demnach bei der Bewältigung des demografischen Wandels und durch die anwachsende Verschuldungsproblematik bevor. Insbesondere lässt der immer schlechtere Zustand der Verkehrsinfrastruktur die BCG zu dem Schluss kommen, dass der europäische Primus dringend eine neue Agenda braucht. Besonders große Verantwortung für die Bewältigung der Zukunftsaufgaben schreibt die Studie der Politik zu - weniger den Unternehmen selbst. (1)

Kritik am Bildungssystem

Etwas überraschend erscheint die Kritik der BCG am deutschen Bildungswesen. Obwohl die deutsche Wirtschaft auf vielen Gebieten - wie etwa dem Maschinenbau und in der Automobiltechnik - die technologische Führerschaft innehat, liegt bei der Bildung einiges im Argen. Nach Meinung der BCG hat Deutschland heute schon zu wenig Akademiker, insbesondere in technisch-naturwissenschaftlichen Disziplinen. Gerügt wird auch der für Kinder aus sozial schwachen Familien schwierige Zugang zu Bildungsinstitutionen. Bei den Bildungschancen schneidet nur Frankreich aus der Gruppe der großen Industrienationen schlechter ab als Deutschland. (1)

Standortvorteil Infrastruktur ist in Gefahr

Die deutsche Verkehrsinfrastruktur gilt trotz der zunehmenden Klagen über den Zustand von Straßen und Brücken immer noch als Weltklasse. Nur die

Schweiz und Finnland verfügen über ein besser ausgebautes Verkehrswegenetz. Gleichwohl wird immer deutlicher, dass die klammen Kommunen und der aus der Geldnot resultierende Reparaturstau wachsende Negativfolgen für deutsche Unternehmen haben. So hat sich etwa der Dachverband der deutschen Vorzeigebranche Maschinenbau bereits lautstark zu Wort gemeldet und von der Politik größere Anstrengungen bei der Instandsetzung des Verkehrsnetzes gefordert. Die Branche leidet unter Schlaglöchern und gesperrten Brücken besonders stark, da die Maschinen häufig als Schwertransporte zum Empfänger oder zu den Häfen gebracht werden müssen. Moniert wird dabei, dass die vom Staat einkassierte LKW-Maut nicht wie versprochen für die Instandhaltung des Verkehrsnetzes verwendet wird. Betroffen sind insbesondere Unternehmen aus Baden-Württemberg, Hessen, Rheinland-Pfalz und Nordrhein-Westfalen. Keine Klagen kommen hingegen aus den neuen Bundesländern. Rund ein Viertel der deutschen Maschinenhersteller muss beträchtliche Zusatzkosten stemmen, die durch beständige Sperrungen und Umwege anfallen. (1), (2)

Kaputte Straßen gefährden den Wohlstand

Die vielerorts vernachlässigten Verkehrswege sind die

direkte Folge eines weiteren Wirtschaftshemmnisses, das durch die Studie der BCG in den Fokus gerückt wird. Die Autoren sehen die hohe Staatsverschuldung und die darum beschlossene Schuldenbremse als ein Haupthindernis für eine gute Zukunft der deutschen Wirtschaft. Dennoch wird das Infrastrukturproblem in Deutschland nach wie vor eher als ein kleines Ärgernis angesehen, das höchstens diejenigen betrifft, die zu schnell unterwegs sein wollen. Tatsächlich aber werden sich die Schuldenproblematik und die daraus resultierenden Finanzierungsprobleme der Kommunen schon bald nachhaltig auf die deutsche Wirtschaftsleistung auswirken - wenn nicht gegengesteuert wird. Viele Experten sind allerdings skeptisch, ob die Finanzierung der Verkehrswege durch Steuergelder irgendwann wieder ins Lot kommen kann. Sie schlagen für die Infrastrukturfinanzierung darum neue Wege vor, etwa spezielle Fonds, wie sie in der Schweiz mit großem Erfolg eingerichtet wurden. Infrastrukturfonds würden neben der gesicherten Finanzierung des Straßenausbaus institutionellen Anlegern wie beispielsweise Versicherern die Möglichkeit zu einem höher verzinsten und gleichzeitig risikoarmen Investment geben. Auch Österreich ist Deutschland bei der Beteiligung privater Investoren an den Kosten für die Pflege der Infrastruktur meilenweit voraus. (3)

Schuldenproblematik wächst und wächst

Wie sehr die Schuldenproblematik den deutschen Staatshaushalt bestimmt, zeigt das vergangene Jahr. Obwohl der Finanzierungssaldo einen Überschuss von vier Milliarden Euro aufwies, nahmen die Schulden um 81 Milliarden Euro zu. Alleine 45 Milliarden Euro der neu angehäuften Schulden stehen im Zusammenhang mit der Bewältigung der Banken- und der europäischen Staatsschuldenkrise. So wurden aus Deutschland knapp neun Milliarden Euro als Kapital in den Europäischen Stabilitätsmechanismus (ESM) eingebracht. 36 Milliarden Euro gingen als Hilfskredite an Eurostaaten. Beide Zahlungen erhöhen den (Brutto-)Schuldenstand, schlagen sich allerdings nicht auf das vorgegebene maximale Maastricht-Defizit nieder. Seit 2008 haben sich die deutschen Staatsschulden alleine infolge der Krise um 285 Milliarden Euro erhöht. Ende 2012 betrugen die Gesamtschulden 2,166 Billionen Euro, die Schuldenquote stieg um 1,5 Prozent auf 81,9 Prozent des Bruttoinlandsprodukts. (4)

Arbeitsmarkt bleibt Prunkstück

Den ersten Platz im Ranking der BCG-Studie belegt Deutschland für seinen gut funktionierenden Arbeitsmarkt. Kein anderes Land hat zwischen 2006 und 2011 vergleichbar viele Arbeitsplätze geschaffen wie die Bundesrepublik. Noch immer sind lediglich drei Millionen Menschen auf der Suche nach einem Arbeitsplatz, womit die Arbeitslosenquote weiter bei erfreulich niedrigen 6,8 Prozent verbleibt. (5)

Trends

Wachsender Handelsüberschuss bringt Deutschland in die Kritik

Weil die Binnennachfrage nicht in Schwung kommt, wird Deutschland in diesem Jahr den weltweit größten Handelsüberschuss aller Länder erzielen, und dies noch vor China. Dies ist allerdings nichts Neues: Schon in den beiden Vorjahren hat Deutschland den höchsten Überschuss weltweit erzielt. Laut dem Münchner Ifo-Institut wird der Überschuss in diesem Jahr um sechs Prozent auf 171 Milliarden Euro ansteigen. Ein Überschuss in der Handelsbilanz bedeutet, dass ein Land mehr Waren exportiert, als es selbst aus anderen Staaten einführt. Der Internationale Währungsfonds (IWF) und die

Organisation für wirtschaftliche Entwicklung und Zusammenarbeit in Europa (OECD) prangern die von Deutschland verursachte Unwucht bereits an. Auch von der EU-Kommission droht eine Ermahnung, die sich im Wesentlichen darauf richten dürfte, dass Deutschland mehr für den Binnenkonsum tun muss. IWF und OECD fordern Deutschland schon seit längerem dazu auf, seine Binnennachfrage zu stärken. (7), (8)

Fallbeispiele

Fachkräftemangel weitet sich aus

Die auch in der BCG-Studie als Problem beschriebene demografische Entwicklung in Deutschland schlägt sich immer stärker im Mangel geeigneter Fachkräfte nieder. Laut einer Umfrage unter Personalmanagern waren in den Jahren 2011 und 2012 55 Prozent der Unternehmen mehr oder weniger stark vom Fachkräftemangel betroffen. In einer aktuellen Umfrage sind es bereits 68 Prozent der Unternehmen. 69 Prozent der Befragten sind allerdings optimistisch, dass sich die Auswirkungen des Fachkräftemangels durch Weiterbildungsmaßnahmen abmildern lassen. (6)

Euro-Inflation bleibt stabil

Die Inflationsrate im Euroraum lag im Juli dieses Jahres wie im Vormonat bei 1,6 Prozent. Damit bewegt sich die Teuerung deutlich unter der von der Europäischen Zentralbank (EZB) anvisierten Zielmarke von zwei Prozent. In Deutschland lag die Inflation bei 1,9 Prozent und damit leicht über dem Durchschnitt. Im Vergleich mit dem Vorjahreszeitraum stiegen die Preise um 3,5 Prozent. Für Lebensmittel mussten die deutschen Verbraucher im Juli sogar 5,7 Prozent mehr bezahlen. Befeuert wurde der Preisanstieg durch die starken Regenfälle im Juni und die große Hitze im Juli. Energie, Dienstleistungen und Industriegüter verteuerten sich demgegenüber nur wenig. (9)

Weiterführende Literatur

(1) Aufgepasst, Deutschland
aus manager magazin Nr. 9 vom 23.08.2013 Seite 84

(2) Infrastruktur wird zum Hindernis
aus DVZ, Nr. 63 vom 06.08.2013

(3) Mathias Müller / Infrastruktur - die Uhr tickt
aus Zeitschrift für das gesamte Kreditwesen 15 vom 01.08.2013 Seite 764

(4) Zentralbanken: Staatsschulden 2012
aus Zeitschrift für das gesamte Kreditwesen 14 vom 15.07.2013 Seite 750

(5) Arbeitsmarkt übersteht Sommerflaute gut
aus manager-magazin.de vom 29.08.2013

(6) Mit Weiterbildung gegen den Fachkräftemangel
aus wissensmanagement, Heft 4/2013, S. 30-31

(7) Unwucht in deutscher Wirtschaft nimmt zu
aus manager-magazin.de vom 13.08.2012

(8) Deutschland vor Rekord-Handelsüberschuss
aus FAZ.NET, 05.09.2013

(9) Inflation bleibt im Euroraum stabil
aus Frankfurter Allgemeine Zeitung, 17.08.2013, Nr. 190, S. 12

Impressum

Bedrohter Wohlstand? - Schuldenklemme und Fachkräftemangel schmälern die Zukunftsaussichten der deutschen Wirtschaft

Bibliografische Information der deutschen Nationalbibliothek

Die Deutsche Nationalbibliothek verzeichnet diese Publikation in der deutschen Nationalbibliografie; detaillierte bibliografische Daten sind im Internet über http://dnb.d-nb.de abrufbar.

ISBN: 978-3-7379-1705-6

© 2015 GBI-Genios Deutsche Wirtschaftsdatenbank GmbH, Freischützstraße 96, 81927 München, www.genios.de

Alle Rechte vorbehalten. Dieses Werk ist einschließlich aller seiner Teile – z.B. Texte, Tabellen und Grafiken - urheberrechtlich geschützt. Jede Verwertung außerhalb der Grenzen des Urheberrechtsgesetzes bedarf der vorherigen

Zustimmung des Verlags. Dies gilt insbesondere auch für auszugsweise Nachdrucke, fotomechanische Vervielfältigungen (Fotokopie/Mikroskopie), Übersetzungen, Auswertungen durch Datenbanken oder ähnliche Einrichtungen und die Einspeicherung und Verarbeitung in elektronischen Systemen.